AF453799

SAINT CLAIR

ÉVÊQUE ET MARTYR

APOTRE D'ALBI, DE COLOGNE D'AQUITAINE, DE SAINT-CLAR

ET DE LECTOURE

CHAPELLE DE SAINT-CLAIR (Cathédrale Saint-Gervais).

J.-M. BÉNAC

VICAIRE GÉNÉRAL D'AUCH
PRÉVOT DU CHAPITRE MÉTROPOLITAIN

SAINT CLAIR

ÉVÊQUE ET MARTYR

APOTRE D'ALBI, DE COLOGNE D'AQUITAINE,

DE SAINT-CLAR ET DE LECTOURE

Extrait de l'ouvrage en trois volumes
LES SAINTS DU CALENDRIER DIOCÉSAIN D'AUCH

AUCH

IMPRIMERIE COCHARAUX
IMPRIMEUR DE L'ARCHEVÊCHÉ

1917

SAINT CLAIR

NOTES CRITIQUES

Avant d'aborder la vie de saint Clair, nous croyons utile de présenter la solution de quelques questions importantes, qui ont été l'objet de controverses animées entre les divers auteurs qui se sont occupés de lui.

1° La première de ces questions concerne l'*identité de ce Bienheureux avec le martyr honoré à Lectoure*. Plusieurs hagiographes, les Bollandistes en tête, le confondent avec saint Clair, de Nantes ; mais cette opinion ne saurait tenir en présence des monuments liturgiques de ces deux églises. La ville de Lectoure montre, encore de nos jours, le lieu traditionnel où s'accomplit le martyre de son apôtre, aux abords de la cité ; et Nantes, de son côté, nomme le lieu où mourut son premier évêque, à Réguiny, paroisse du diocèse actuel de Vannes. L'histoire particulière des reliques de ces deux saints achève de réduire cette opinion à néant. L'église de Nantes célèbre la fête de saint Clair le 10 octobre. — Les monuments liturgiques des églises de Périgueux, de Tulle et de Sarlat font prêcher successivement notre saint Clair dans ces diocèses; mais, si les preuves de ces divers apostolats ont existé, elles ont disparu depuis longtemps. La seule chose qu'on puisse assurer, c'est que la renommée de saint Clair s'est étendue jusque dans ces diocèses.

2° Une seconde question concerne l'*origine de saint Clair*. — Divers auteurs ont donné l'Afrique pour patrie au saint martyr et à ses compagnons d'apostolat; mais cette opinion est aussi très contestable. Le document concernant saint Clair, qui prime tous les autres par son esprit critique, est un manuscrit antique de l'abbaye de Saint-Sever-Cap-de-Gascogne (Landes), dans lequel les Bénédictins de cette maison ont recueilli tout ce qu'il a été possible de sauver des traditions primitives sur l'évangélisation de la Novempopulanie. Ces savants religieux nous y apprennent que cette opinion repose sur une fausse lecture d'un manuscrit antique et, à la suite d'une sérieuse discussion des sources, ils arrivent à conclure que, d'après la tradition la plus vraisemblable, ces apôtres de nos contrées étaient issus du même pays d'Orient que saint Saturnin, c'est-à-dire de la Grèce, et que c'est la renommée de cet illustre fondateur de l'église de Tou-

louse, leur compatriote, qui détermina le Souverain
Pontife à leur assigner l'Aquitaine ibérique pour théâ-
tre de leur apostolat.

3° Une troisième question concerne l'*époque où saint
Clair a exercé son apostolat*. — Le manuscrit de Saint-
Sever déclare sans hésitation que cette époque est le
premier siècle de l'ère chrétienne. Dadin de Hauteserre, voulant préciser le résultat de ses études à ce
sujet, dit, dans son *Histoire des rois et ducs d'Aquitaine*,
que saint Clair a évangélisé l'Aquitaine sous le pontificat du deuxième successeur de saint Pierre, saint
Anaclet (environ 76-88). Ce qui donne à cette opinion
un caractère sérieux de vraisemblance, c'est que le
pape Anaclet était grec comme Clair et ses compagnons, et que sa qualité de compatriote était, pour ces
saints missionnaires, le garant d'un bienveillant accueil
et d'une direction dévouée. Hauteserre[1] se fait ainsi
l'écho de l'ensemble des traditions qui concernent le
bienheureux martyr. Mais, quand il donne l'année 104
comme date de cet apostolat, il tombe dans une erreur
évidente, saint Anaclet étant mort vers l'an 88. Par

---

[1] Antoine Dadin de Hauteserre (de Alta serrâ) est un des plus
savants jurisconsultes de France du XVIIe siècle. Né dans le diocèse
de Cahors, il mourut en 1682, à l'âge de quatre-vingts ans. Professeur
de droit à Toulouse, il composa de nombreux ouvrages qui témoignent d'une science canonique consommée. Un des principaux est
l'*Histoire d'Aquitaine (Gesta regum et ducum Aquitanorum)*, 2 vol.
in-4°, qu'il publia en 1648. Il traite dans plusieurs de ses ouvrages des
questions ecclésiastiques avec une grande érudition : État monasti-
que, — Vie des Papes, — Décrétales d'Innocent III, etc.

voie de conséquence, il fait erreur également quand il place cet apostolat sous le règne de l'empereur Trajan, qui a gouverné l'empire de 98 à 117. — En tenant compte de toutes les vraisemblances, la mission de saint Clair eut lieu entre les années 78 et 91, sous le règne de Domitien (81-96), et sous le pontificat d'Anaclet. — Il est vrai que cette opinion est contraire aux données de quelques auteurs, qui placent au iiie ou au ive siècle l'apostolat des compagnons que la tradition assigne à saint Clair. Mais leur opinion est abandonnée par les hagiographes d'aujourd'hui, qui rattachent ces Bienheureux à la première période de l'évangélisation des Gaules; de sorte que l'époque, assignée à leur venue dans l'Aquitaine, corrobore l'opinion qui place saint Clair au premier siècle du christianisme. — Saint Clair succéda ainsi presque immédiatement à celui qui a reçu le titre de premier apôtre de l'Aquitaine, *saint Martial*, mort à Limoges en l'an 74, l'enfant que le Sauveur présenta à ses apôtres comme un modèle à imiter, et qui fournit, au désert, les cinq pains et les deux poissons qui furent l'objet du célèbre miracle de la multiplication des pains.

4° Une quatrième question concerne *les lieux que saint Clair a évangélisés*. Il n'y a jamais eu de doute sérieux au sujet d'*Albi* et de *Lectoure*. Hauteserre, du Saussay, les Bollandistes et d'autres encore ajoutent *Cologne;* mais la controverse soulevée à ce sujet a reçu une solution négative, que la plupart des hagiographes acceptent aujourd'hui. Si, par ce mot de *Cologne*, il faut entendre la grande ville qui s'élève sur la rive gauche du Rhin, *Colonia Agrippina*, l'opinion qui prétend qu'elle a été évangélisée par saint Clair n'a aucune base certaine : on ne saurait citer aucun document à son appui. La célèbre ville rhénane n'a conservé aucun souvenir de cet apostolat, ni possédé aucune tradition qui le concerne. Il paraît de plus absolument improbable que saint Clair, destiné par le Saint-Siège à l'évangélisation de l'Aquitaine, se soit détourné de la voie qui lui était marquée pour se rendre dans un pays si éloigné. Comment donc expliquer cette méprise ? — Clair, venant dans l'Aquitaine, rencontra sur sa route plusieurs cités qui portaient le nom de *Colonia*, usité alors pour désigner une *colonie romaine*, telles que *Colonia Nemausensis* (Nîmes), *Colonia Aquensis* (Aix), etc. La ville d'*Albi* portait elle-même ce surnom, *Colonia Albia*. Certains auteurs auront confondu la *Colonia Albia* avec la *Colonia Agrippina;* ils auront vu deux champs d'apostolat pour saint Clair là où il n'y en avait qu'un. — D'autres auteurs enfin, plus avisés, ce semble, pensent que cette *Colonia* n'est autre que *Cologne-du-Gers* qui, probablement, était sur le passage de la voie romaine de Toulouse à Lectoure, et que saint Clair l'aurait visitée et évangélisée en chemin, comme il visita et évangélisa la ville de Saint-Clar qui porte son nom. Ce qui autorise cette opinion, c'est qu'une tradition constante affirme son passage dans cette ville, et que la dévotion à Saint-Clair est florissante de temps immémorial à Cologne, où on invoque ce saint pour le mal des yeux [1].

5° Une cinquième question concerne les *compagnons de son apostolat*. Il résulte, de l'ensemble des traditions qui se rapportent à saint Clair, qu'il vint en Aquitaine suivi de six missionnaires qu'un distique très ancien désigne par ces noms :

Justinus, Severus, Geruntius ac Polycarpus.

His meritoque pares, Babylus atque Joannes.

Deux sont inconnus, Jean et Polycape; et les quatre premiers, connus dans une certaine mesure. Nous en parlerons, dans un Appendice, à la suite de la vie de saint Clair.

Voici maintenant la série des documents qui renferment tout ce que les traditions *locales* nous font connaitre du saint martyr de Lectoure.

Nous trouvons d'abord le nom de saint Clair inscrit au calendrier renfermé dans le *Traité de Comput et Mélange de notes diverses à l'usage de l'église de Saint-Orient d'Auch*, manuscrit remontant, d'après Léopold Delisle, jusqu'à la première moitié du XII⁰ siècle. Voici cette mention : *Junii. — Id. sancti Clari, mart. Aux ides de juin (13 juin), fête de saint Clair, martyr.* C'est le texte le plus ancien qui nous apprenne que

---

[1] *Petits Bollandistes*, t. VI, p. 645.

saint Clair était l'objet d'un culte religieux dans le diocèse d'Auch et, probablement, dans la plupart des diocèses et des abbayes qui en dépendaient[1].

Dans l'ancien *Martyrologe de l'abbaye de Pessan* écrit en 1296, on lit à la date du 1er juin : *Aux calendes de juin, fête de saint Clair, évêque et martyr, dont le corps est vénéré dans la cité d'Auch*[2].

Dans le *Martyrologe du Prieuré de Saint-Mont*, on trouve à la même date : *Aux calendes de juin, dans le territoire de Lectoure, passion de saint Clair, dont le corps repose dans le cloître de Saint-Jean de l'Aubépine, dans la cité qui portait autrefois le nom de Ville Claire, et qui s'appelle Auch aujourd'hui, au comté de Fezensac*[3].

Labbe, dans l'*Hagiologie de la France* (t. II, p. 700), s'exprime dans les termes suivants : « Aux calendes de juin, en Gaule, dans la ville de Lectoure, natalice de saint Clair, évêque et martyr, qui, ayant refusé de sacrifier aux idoles, fut d'abord battu de verges, puis jeté en prison, où la visite d'un ange vint le réconforter, et qui enfin eut la tête tranchée, et consomma ainsi son martyre. »

Du Saussay, dans le *Supplément du Martyrologe gallican*, dit : « Saint Clair a prêché à Rome, à Colo-

---

[1] *Revue de Gascogne*, année 1905, p. 213. Article de M. Degert. On connaît la haute compétence de M. Léopold Delisle en paléographie.

[2] Dom BRUGÈLES, p. 332.

[3] *Ibidem*.

gne, à Périgueux, enfin à Lectoure, où il a été martyrisé; ses restes mortels reposent, en partie à Auch, et
en partie à Bordeaux ». — Nous avons déjà dit ce qu'il
faut penser de cet apostolat de saint Clair à Cologne
et à Périgueux. Nous parlerons plus loin du transfert
de ses reliques à Bordeaux.

Hauteserre, dans son *Histoire d'Aquitaine* (liv. IV,
ch. 10) donne la légende suivante : « L'année 104, au
temps de Trajan, Clair, ordonné évêque par le Pape
Anaclet, envoyé en Gaule avec ses compagnons : Justin,
Sever, Géronce, Polycarpe, Jean et Babyle, pour la
propagation de la foi chrétienne, se rendit à Cologne,
puis à Albi, enfin à Lectoure, dans la Novempopulanie ».

Jérôme Lopez, dans la *Description de la ville métropolitaine de Bordeaux*, donne cette inscription gravée
sur une des murailles de l'église Sainte-Eulalie :
« Charlemagne a fondé cette chapelle et a placé, derrière l'autel, les corps saints de sept Bienheureux, qui
ont reçu la couronne du martyre pour la foi, et qui se
nomment : Clair, Justin, Géronce, Sever, Polycarpe,
Jean et Babyle ». — Il ajoute plus loin que ces
corps saints sont portés processionnellement, chaque
année, le premier dimanche après la fête de saint Clair.

La *Gallia Christiana* de Denys de Sainte-Marthe, et
les *Actes des Saints* des Bollandistes n'ajoutent aucun
appoint nouveau de quelque importance aux rensei-
gnements que nous venons de mentionner. Il ne nous

reste plus qu'à raconter la vie du saint martyr d'après
le manuscrit de Saint-Sever, et d'après les légendes
des bréviaires d'Albi et de Tulle, qui, après étude
sérieuse, paraissent les plus autorisées.

VIE DE SAINT CLAIR

I. — La Gaule au Ier siècle de l'ère chrétienne.

A l'époque où les données les plus authentiques de l'histoire placent l'apostolat de saint Clair et de ses compagnons dans l'Aquitaine, c'est-à-dire à la fin du Ier siècle, le pays que nous habitons présentait le spectacle le plus étrange à l'observateur, et surtout à l'observateur chrétien. Deux civilisations se trouvaient en présence, dans la Gaule, et se disputaient la prépondérance dans la vie publique et dans la vie privée : la civilisation gauloise et la civilisation romaine. Un siècle s'était déjà écoulé depuis que la Gaule, vaincue par le génie et les armées de Jules César, avait perdu son indépendance nationale et pris rang parmi les provinces de l'empire romain. Mais quelles qu'eussent été l'étendue et la profondeur des désastres, quelque application que mît Rome à ménager la plus belle et la plus fière de ses conquêtes, la Gaule n'avait pu encore se plier de bonne grâce sous le joug du vainqueur, et s'agitait passionnément toutes les fois qu'un de ses enfants, plus hardi que les autres, faisait briller à ses yeux le fantôme séduisant de la liberté. Sous le rapport politique, la Gaule était plutôt écrasée que soumise. L'observateur, qui n'aurait jeté qu'un regard superficiel sur ce pays, aurait pu croire à une soumission réelle. C'étaient des proconsuls romains qui présidaient à l'administration civile des provinces, comme dans toutes les autres parties de l'empire; des questeurs romains, qui étaient chargés de la gestion des fonds publics; des préteurs romains, qui rendaient la justice; des généraux et des tribuns romains, qui avaient le commandement des armées. Les riches citoyens de Rome, fuyant les orgies et les périls de la capitale du monde, venaient en foule chercher dans nos contrées, avec un air plus pur, une résidence plus tranquille, et couvraient notre sol de villas dont les vestiges, qui durent encore, nous disent la splendeur. Les monuments de l'art romain : amphithéâtres, arcs-de-triomphe, ponts, acqueducs gigantesques surgissaient de toute part, comme pour proclamer la grandeur de Rome et asseoir sa domination dans les esprits, comme dans le sol gaulois. — La soumission de la Gaule semblait donc complète; en réalité, elle n'était qu'apparente. L'illustre défenseur de sa liberté, Vercingétorix, et ses compagnons d'armes étaient couchés depuis longtemps dans leur tombeau; mais l'esprit d'indépendance, qui les animait, était toujours vivant dans les âmes, et préservait leurs descendants du déshonneur d'une servitude totale sous le joug du vainqueur.

Si l'opposition des deux races qui se disputaient la Gaule était profonde sur le terrain *politique*, elle l'était bien plus encore sur le terrain *religieux*. Il suffit de jeter un coup d'œil sur les documents de l'histoire des peuples

antiques pour se convaincre que la nation gauloise est
l'une de celles qui se distinguent, entre toutes, par l'énergie
et l'ardeur de sa foi religieuse. Bercé aux chants des
Bardes, dont les vers n'avaient que deux sources d'inspiration, les grandeurs de la divinité et les gloires ou les
deuils de la patrie, le Gaulois, dès son entrée dans la vie,
ouvrait son âme à deux sentiments qui furent plus que
tous les autres la force et la caractéristique de sa race : le
patriotisme et le respect des dieux. Il rencontrait, si je
puis le dire, la divinité sous chacun de ses pas: car la
théologie de son peuple avait divinisé tout ce qui frappe
l'imagination ou les sens, le tonnerre, les astres, l'océan,
les fleuves, les lacs, les vents, en un mot, toutes les forces
de la nature. Les prêtres de la nation, les Druides, déposi-
taires de la science sacrée, sacrificateurs, orateurs des
grandes assemblées populaires, étaient comblés d'honneurs
et jouissaient d'une autorité assez forte pour survivre à
toutes les révolutions et à tous les désastres. Ils ne bâtis-
saient point de temple, mais le chêne était leur arbre
sacré; c'était à son ombre, dans les immenses forêts qui
couvraient alors le sol de la Gaule, qu'ils accomplissaient
leurs rites mystérieux. Là, leur fanatisme religieux se nour-
rissait, s'exaltait, et, sous l'influence de la férocité natu-
relle à leur race, se traduisait fréquemment par ces sacrifices humains dont la seule pensée soulève, dans nos âmes
chrétiennes, le sentiment d'une invincible horreur. Rome
avait pour principe de respecter les croyances et les prati-
ques religieuses des peuples qu'elle avait vaincus, afin de
les soumettre de meilleur gré à son empire. Elle usa donc,
tout d'abord, de ménagements de toute sorte envers la reli-

gion des Gaulois. Pour la mieux dominer, elle essaya de
l'absorber dans la sienne, en opérant une fusion habile
entre ses dieux et ceux de la Gaule, entre ses rites sacrés
et ceux du peuple vaincu. Mais la foi des Gaulois se refu-
sant à ces conciliations déshonorantes, il fallut en venir un
jour aux répressions sévères, et l'ère de la persécution religieuse commença. La Gaule fut écrasée par ses vainqueurs
sur le terrain religieux, comme elle l'avait été sur le terrain politique ; mais, sur le second comme sur le premier,
sa soumission ne fut qu'apparente, et elle ne cacha ses
cérémonies sanglantes, dans les mystérieuses profondeurs
des forêts, que pour mieux apprendre à respecter ses dieux
et à maudire ses vainqueurs.

Quel est le résultat que produisit la rencontre de ces
deux civilisations ou, pour mieux dire, de ces deux reli-
gions rivales, sur le sol de la Gaule ? Est-ce la lumière ?
Est-ce une doctrine forte, précise, féconde, capable d'élever
l'esprit de l'homme en l'éclairant ? Est-ce une religion aux
dogmes élevés, à la morale pure, au culte noble et sancti-
fiant, telle qu'il la faut aux âmes pour consoler leurs souffrances, corriger leur faiblesse, et les plier au devoir ?
Hélas ! non, il n'en pouvait être ainsi. Le paganisme
romain et le paganisme gaulois n'étaient l'un et l'autre
qu'un tissu d'erreurs, tour à tour grotesques et dégoû-
tantes, et une sentine de corruption immonde. Leur juxta-
position, dans la Gaule, ne pouvait avoir d'autre effet que
d'épaissir le voile, qui cachait aux yeux la vue de la
lumière, et de grossir le torrent de fange impure qui souil-
lait toutes les âmes, et emportait dans son cours tous les
devoirs et toutes les vertus. Courbés sous ce double élé-

ment de décadence morale et religieuse, les habitants de
cette région infortunée ne réalisaient que trop la parole du
prophète, pleurant sur les nations assises dans les ténèbres
et dans les ombres de la mort : *Sedentes in tenebris et in
umbrâ mortis !* (Ps., CVI, 10.)

Mais, hâtons-nous de le dire, moins d'un siècle avant
l'époque que nous venons de décrire, le monde avait vu se
réaliser l'oracle proclamé depuis huit cents ans par le prophète Isaïe : *La lumière s'est levée pour ceux qui habitaient
dans les ombres de la mort !* (Is., IX, 2.) — Cette lumière,
la lumière véritable qui éclaire, dit saint Jean, tout homme
qui vient dans ce monde, c'était le Fils de Dieu fait
homme, le Christ Rédempteur. Il avait passé trente-trois
années sur la terre sous une forme humaine; et, après une
mort sanglante, qu'il avait volontairement subie pour
expier les crimes du monde, il était remonté aux cieux, en
laissant aux hommes une parole éblouissante de lumière,
destinée à dissiper un à un tous les nuages que l'ignorance
et la passion avaient accumulés, depuis des siècles, sur la
notion de Dieu et du devoir. Avant de remonter au ciel, le
Sauveur avait confié à des hommes choisis la mission de
porter, jusqu'aux extrémités du monde, le flambeau de la
vérité.

II. — Origine de saint Clair et de ses compagnons d'apostolat. — Leur visite à Rome.

Parmi ces héros de l'apostolat chrétien, il en était un
qu'il avait prédestiné, de toute éternité, à communiquer
aux habitants de la vieille Aquitaine les bienfaits de sa

Rédemption, et à devenir notre apôtre bien-aimé, l'admirable saint Clair. C'est dans l'Orient, et très probablement dans la Grèce, comme pour saint Saturnin, que Dieu avait placé son berceau. Il portait un nom qui présageait, à l'insu de tous, la sublime mission qu'il devait remplir ici-bas. L'Église, au baptême, l'avait appelé *Clair, Clarus,* c'est-à-dire, *brillant, lumineux,* nom magnifique, exprimant à lui seul toutes les grandeurs qui devaient signaler sa vie. Un mystère impénétrable enveloppe les années de l'enfance et de la jeunesse de saint Clair: mais l'éclat et les prodiges de son apostolat dans les Gaules ne permettent pas de douter qu'il n'ait reçu, au sein de sa famille, ou dans les écoles publiques de son pays, les bienfaits d'une éducation sérieuse, une de ces fortes cultures qui font germer la science dans l'esprit, la vertu dans le cœur, et qui préparent les hommes destinés à une grande mission.

Dieu, qui voulait faire de Clair un apôtre, dans le sens le plus élevé de ce mot, ajouta bientôt à cette préparation providentielle ce qui constitue la préparation la plus complète à tous les grands apostolats, l'attrait de la vie religieuse et celui du sacerdoce. Le premier de ces attraits détermina le jeune Clair à quitter sa famille et à se rendre dans la Palestine, pour se consacrer plus ardemment à Dieu, sur le sol sacré où s'était accompli le mystère de la Rédemption. C'est là que s'écoulèrent les années les plus ardentes de sa jeunesse, et qu'il déposa dans le cœur de quelques jeunes compatriotes le feu sacré qui devait faire d'eux les généreux compagnons de son apostolat. C'est là encore que, sous l'inspiration de l'esprit apostolique qui enflammait son âme, il fit avec eux un premier essai d'évangélisation,

dans la ville de Joppé (Jaffa), pour vaincre les résistances
que les Juifs de cette cité opposaient au ministère des apôtres, et les conquérir à Jésus-Christ. La tradition nous
apprend qu'ils eurent la joie de gagner à Dieu un nombre
considérable d'Israélites et d'idolâtres; mais le succès de
leur mission souleva contre eux une persécution si violente
qu'ils furent contraints de fuir pour échapper à la mort.

Loin de les abattre, cette cruelle épreuve ne fit qu'en-
flammer leur courage. Le pontife qui siégeait alors à Rome,
le pape saint Anaclet, deuxième successeur de saint Pierre,
était un de leurs compatriotes. Confiants dans l'appui qu'il
ne pouvait manquer de leur donner, ils conçurent la pensée
de se rendre auprès de lui pour lui offrir leurs religieux
hommages, recevoir ses conseils, se placer sous son patronage et faire ainsi du centre de l'unité catholique le point
de départ de leur mission.

Rome, à cette heure, était parvenue au point culminant
de sa destinée providentielle. Deux puissances d'une incom-
parable grandeur y étaient en regard l'une de l'autre,
prêtes à se disputer l'empire du monde : la puissance des
Césars et celle des Papes; la première, comblée d'honneurs,
enivrée de délices, mais destinée à décroître par degrés
jusqu'à tomber dans une irréparable décrépitude et à dis-
paraître sans retour; l'autre, proscrite, traquée comme une
bête fauve, baignée dans le sang de ses martyrs, mais destinée à grandir de jour en jour sur les ruines de sa rivale,
et à exercer à la fin, dans le monde des âmes, une domination
immortelle. Ce fut là que Clair vint fortifier son âme
contre les épreuves de l'avenir, en lui faisant respirer l'air
natal de la foi; là que, sur le tombeau des saints martyrs,

il mûrit les nobles desseins que l'amour de Dieu et de
l'Église avait mis dans son cœur.

L'heure était solennelle ou, pour mieux dire, décisive
pour ces héros chrétiens. Les traditions antiques nous les
montrent préoccupés de découvrir, auprès du tombeau de
saint Pierre, la voie où ils devaient s'engager pour réaliser
les desseins de Dieu, et tenant conseil pour mettre en commun les lumières que le ciel leur donnait à ce sujet.
« Vénérés compagnons », leur disait Clair, « nous suffirait-
il d'avoir quitté notre patrie et notre famille pour le
Christ ? Et, après avoir brisé tous les liens de la chair et
du sang, après avoir fait triompher en nous Celui qui a
dit : « C'est moi qui ai vaincu le monde », refuserons-nous
d'affronter, pour le même Dieu, la haine et les persécutions
du monde ? De quel prix seraient nos victoires passées si,
dans la poursuite du martyre, nous nous laissions devancer
par des femmes et des enfants ? Préparons-nous donc aux
combats du Seigneur. Prenons les armes qui rendent invin-
cibles les humbles de cœur, une foi courageuse, une espérance inébranlable, un ardent amour pour Celui qui nous a
aimés le premier. Forts de ces vertus, tenons-nous prêts à
tout souffrir pour lui. Ces pensées sont les vôtres comme
les miennes sans doute. Quant à l'exécution de notre des-
sein, si vous avez un conseil utile à donner, parlez; met-
tons en commun les inspirations que Dieu nous donnera. »

Un de ses compagnons, le bienheureux Sever, prit alors
la parole et dit : « Nous n'avons d'autres conseils à suivre
que les vôtres, ô Père, à qui nous croyons que le Seigneur
a parlé. Exposez-nous donc les pensées que Dieu vous met

au cœur; et comptez que nous les suivrons jusqu'au bout sans hésiter. »

Clair reprit alors : « A mon avis, le meilleur parti que nous puissions prendre est de consulter le Souverain Pontife, et de suivre la direction qu'il jugera à propos de nous donner; nous avons si bien éprouvé sa charité et sa sagesse, depuis que nous sommes arrivés dans cette ville, que nous pouvons avoir une pleine confiance en lui. »

Ils allèrent en conséquence trouver le Pape Anaclet, qui leur tint ce langage. « Je vous confie l'apostolat de l'Aquitaine. Il y a de nombreux chrétiens dans cette contrée; mais les persécutions des idolâtres y ont affaibli la foi et menacent de l'ébranler encore. Que vos prédications et l'exemple de vos vertus relèvent le courage des fidèles, brisent l'influence du paganisme, opèrent de nombreuses conversions, et accroissent ainsi largement la famille du Christ ! » Cela dit, le pontife les congédia, après avoir conféré aux compagnons de Clair les divers degrés du sacrement de l'ordre, et l'avoir élevé lui-même à la dignité épiscopale.

III. — Saint Clair en Gaule et à Albi.

L'apostolat de saint Clair dans les contrées méridionales de la Gaule s'exerça sur un champ, dont il serait impossible de fixer les limites à la distance où nous sommes de son époque, mais qui fut certainement considérable. Les églises de Tulle, de Périgueux et de Sarlat se flattent d'avoir été évangélisées par saint Clair; mais, ainsi que nous l'avons dit, si les preuves de ces apostolats ont existé, elles ont disparu depuis longtemps. On allègue, il est vrai, comme preuves, l'insertion de l'office du saint dans le bréviaire, et de sa messe dans le missel de ces églises: mais ces arguments liturgiques ne prouvent qu'une chose, à savoir que sa renommée s'était étendue jusqu'à elles et lui avait fait donner, dans ces diocèses, les honneurs d'un culte religieux.

Mais ce qui est hors de tout conteste, c'est l'évangélisation d'*Albi* et de *Lectoure* par saint Clair. Ces deux villes sont comme les termes extrêmes de son apostolat dans l'Aquitaine : Albi, où il ouvrit sa carrière apostolique, attestée par l'histoire dans cette contrée, et Lectoure où il la couronna par le martyre; Albi, qui le considère comme le premier de ses évêques, et Lectoure, qui l'honore comme le plus glorieux de ses martyrs; Albi, qui a associé son souvenir à celui de sainte Cécile, en lui dédiant un autel dans la splendide cathédrale consacrée à la vierge romaine [1], et Lectoure, qui garde avec un soin jaloux les lieux consacrés par l'effusion de son sang et par sa mort.

Au moment où saint Clair se rendit à Albi, tandis qu'il approchait de cette ville, une jeune fille, nommée Artésie, qui était possédée du démon, annonça l'arrivée d'un étranger qui devait établir dans le pays le culte du vrai Dieu. En même temps les oracles des faux dieux se turent. Le peuple s'émut des paroles de l'énergumène. Les prêtres

---

[1] Hippolyte CROZES : *Monographie de la cathédrale de Sainte-Cécile d'Albi*, pp. 39, 61, 64, 96, 221, 265, 292, 315, on lit près du maître-autel l'inscription suivante : « L'an du Seigneur 1700, et le 22 septembre, les reliques de saint Clair, premier évêque d'Albi et martyr, venues de Bordeaux, ont été déposées dans ce sanctuaire par Mgr Legoux de la Berchère, archevêque d'Albi ».

idolâtres s'alarmèrent du silence des démons. Tous les habitants, assemblés sur la place publique, se communiquaient les craintes où ces événements étranges les avaient jetés, lorsqu'un des principaux habitants de la cité, Ibold, prit la parole et leur parla en ces termes : « Beaucoup de nos concitoyens ont entendu parler d'un homme, nommé Jésus, qui a prêché en Orient une doctrine pure, soutenue par d'éclatants miracles. Or, ce Jésus, s'étant attaché des disciples, leur donna un pouvoir semblable au sien, et les envoya par le monde pour enseigner aux hommes la véritable sagesse, et leur persuader d'abandonner les idoles et les démons pour adorer le seul vrai Dieu. Cette religion nouvelle s'est répandue dans toutes les provinces de l'Asie, de l'Afrique et même de l'Europe; et, dans cette extrémité du monde occidental, nous sommes presque les seuls que cette lumière céleste n'ait pas encore éclairés. Je suis persuadé qu'un prédicateur de la doctrine de Jésus n'est pas loin de notre ville, et que c'est son approche, annonçant aux démons le triomphe de la vérité et leur défaite, qui les épouvante et les abat. De là le silence des oracles, et les révélations de l'énergumène que vous avez entendues. »

Les habitants d'Albi s'entretenaient des conjectures exprimées par Ibold, quand Clair arriva aux portes de la cité, accompagné d'une grande foule, que son air vénérable avait attirée, et que ses surprenants discours retenaient auprès de lui. D'après l'histoire de la cathédrale d'Albi, il aurait été contraint, tout d'abord, à assembler ses adeptes dans le cimetière de la ville; mais le moment vint bientôt où le peuple, séduit par son éloquence, le circonvint en foule et l'interrogea avec une incroyable avidité sur la nouvelle doctrine dont il se disait l'apôtre [1]. Clair multiplia ses prédications avec une ardeur toute céleste et les confirma par d'éclatants miracles. Grâce aux bénédictions du ciel, le succès de son apostolat fut tel que trois années suffirent pour assurer le triomphe de l'Évangile, et conquérir la ville d'Albi et la contrée entière à la vraie foi.

IV. — Saint Clair à Cologne et à Saint-Clar. — Son Martyre à Lectoure.

Quand il eut acquis l'assurance que presque tous les habitants d'Albi avaient reçu la grâce du baptême, Clair songea à de nouvelles conquêtes. Il quitta son église, après avoir établi *Anthime* sur le siège épiscopal; et, jaloux d'étendre plus loin le règne de Jésus-Christ, ou de rencontrer la couronne du martyre, après laquelle il courait depuis longtemps, il prit le chemin de l'Occident. Le but qu'il se proposait d'atteindre était *Lectoure*, qui était unie à Toulouse par une voie romaine; mais auparavant, il fit deux haltes dont des traditions dignes de respect garantissent l'authenticité.

La première de ces haltes eut lieu à Cologne d'Aquitaine, où son culte a toujours été en honneur, et où l'on conserve, encore de nos jours, un anneau qu'on croit lui avoir servi d'anneau pastoral. Le Bienheureux y est spécialement invoqué pour la guérison ou le soulagement des maladies d'yeux. On fait toucher cet anneau aux yeux des

---

[1] M. CROZES. dans la *Monographie de la cathédrale d'Albi*. — M. Crozes a été maire d'Albi et a été ainsi à même de recueillir fidèlement les traditions locales qui concernent le saint martyr.

malades, et un grand nombre de personnes, au témoignage des curés de la paroisse, ont obtenu ainsi la grâce de la guérison.

En se rapprochant de Lectoure, le Bienheureux fit, dans une ville voisine, une seconde halte dont le souvenir s'est perpétué dans le nom de *Saint-Clar* (saint Clair), qu'elle prit après son passage, et qui s'est maintenu jusqu'à nos jours.

Lectoure, à cette époque, était déjà au nombre des cités les plus antiques et les plus célèbres de l'Aquitaine. Capitale de la peuplade des *Lactorates*, elle subissait docilement le joug de la domination de Rome, et recevait de son orgueilleuse métropole, avec des éléments de prospérité matérielle remarquables, tous les principes corrupteurs que le paganisme amenait à sa suite. Le culte des faux dieux y avait reçu cette organisation puissante, dont témoignent les *tauroboles* et les inscriptions païennes [1] qui se multiplièrent dans ses murs au cours du siècle suivant. Lectoure offrait à l'apôtre de la Novempopulanie un champ d'apostolat digne de son courage. Quand saint Clair franchit ses murs, il dut ressentir, dans quelque mesure, l'impression qui saisit l'âme de saint Paul quand, pénétrant dans Athènes, il vit cette cité plongée tout entière dans les ténèbres de l'idolâtrie : *Incitabatur spiritus ejus in ipso videns idololatriæ deditam civitatem.* (Act. XVII, 16.)

---

[1] Les *tauroboles* étaient des autels païens ainsi nommés parce qu'on y sacrifiait des taureaux, dont le sang était sensé purifier les dévôts qui s'en faisaient inonder. Ces autels portaient une inscription qui désignait le nom du donateur, le but du sacrifice et le nom du prêtre sacrificateur. Le musée de Lectoure conserve plusieurs autels tauroboliques.

Il se mit à l'œuvre, et commença l'évangélisation du peuple, sans souci des murmures et des menaces qui s'élevèrent dès le premier jour de toute part. Dieu permit que les événements se précipitassent avec une rapidité effroyable. La parole ardente de l'apôtre paraissant ébranler la multitude, la rage des prêtres païens s'alluma. On saisit le saint et on l'entraîna au *temple de Diane*. Placé devant l'autel de la déesse, et sommé de lui offrir de l'encens, il leva les yeux au ciel et se mit en prières. Aussitôt l'idole tomba du lieu élevé où elle se dressait et fut réduite en poussière. Les bourreaux s'étonnent; le peuple gémit; les prêtres redoublent de fureur. On fouette cruellement le saint Évêque et on le conduit devant les juges en l'accusant de magie et de sortilège. L'émotion du peuple redoublant à cette vue, un supplice plus affreux se prépare. Clair est dépouillé de ses vêtements et traîné pendant de longues heures à travers les broussailles et les ronces, qui le déchirent et font de son corps une sorte de loque ensanglantée. Étendu ensuite sur un chevalet, il est frappé de verges garnies de plomb. Il reste durant trois jours sur l'instrument de torture, sans que l'horreur des souffrances abatte son courage ou inspire la pitié. Enfin on le jette en prison.

Dieu, pour qui souffrait le généreux Pontife, ne pouvait l'abandonner en de telles épreuves. Durant le cours de la nuit, un ange vint le visiter, et lui communiqua une force toute céleste, en lui donnant l'assurance de sa prochaine victoire : « Demeure constant dans le combat », lui dit-il, « et bannis toute crainte. Demain, ce combat va finir: ton triomphe se prépare. Le Christ placera sur ton front une radieuse couronne et te fera asseoir là-haut sur un trône de gloire. »

La nuit s'écoula plus douce, après les paroles de l'Ange, et le jour désiré parut enfin. Le martyr fut tiré de sa prison et conduit de nouveau devant le tribunal. On lui demanda s'il n'était pas disposé à racheter sa résistance de la veille par le repentir; mais il protesta que rien n'ébranlerait sa détermination à mourir dans la fidélité à son Dieu. Alors les juges, trop sûrs de sa constance, pour l'éprouver encore par des supplices qui tournaient à leur confusion, le condamnèrent à avoir la tête tranchée. On le conduisit au lieu du supplice, en dehors des murs de la ville, au milieu d'une foule à qui la vue de cette héroïque attitude arrachait enfin des sanglots et des larmes. Parvenu au terme de cette marche funèbre, il se recueillit, dans une ardente prière, pour confier à la miséricorde du Seigneur tous ceux qu'il lui avait gagnés, et implorer le pardon des coupables. Après quoi, il fléchit le genou, calme et joyeux, et tendit le cou au bourreau. Un instant après sa tête roulait à terre, son sang coulait à flots; le martyre qui devait faire germer la foi chrétienne sur le sol de Lectoure était consommé (vers l'an 95).

V. — Culte de saint Clair. — Ses reliques à Auch, puis à Bordeaux (vers 800) et à Albi (1700).

Les fidèles, qui ont l'excellente habitude de lire la *Vie des Saints*, savent que rien n'était plus cher aux chrétiens des premiers siècles que les restes des martyrs. On étanchait leur sang avec des tissus précieux; on le recueillait dans des vases soigneusement conservés, on déposait leurs ossements dans des tombeaux qui servaient d'autels. De pareils honneurs furent certainement rendus aux reliques de saint Clair par ses fidèles de Lectoure. Mais un jour vint où le corps de l'apôtre lectourois fut transporté à Auch. Est-ce pour le mettre à l'abri des invasions des barbares ? Nous ne le savons pas. Longtemps il reposa dans l'église cathédrale des deux saints Jean, qui devint l'abbaye de Saint-Orens. Ce souvenir est perpétué par une statue du saint Pontife qui orne l'entrée de la chapelle du Prieuré aujourd'hui spolié. Plus tard, Charlemagne, soucieux de préserver les reliques d'une foule de saints des périls que leur faisaient courir les incursions normandes, donna l'ordre de les recueillir, et les fit déposer dans l'église Sainte-Eulalie de Bordeaux. Parmi cette quantité de reliques se trouvaient celles de saint Clair et de ses compagnons. La date précise de cette translation est inconnue; mais le souvenir est conservé dans cette inscription que nous avons déjà citée, et qui se lit encore aujourd'hui :

« Charlemagne a fondé cette chapelle et a déposé derrière l'autel les corps des sept saints qui ont reçu, pour la foi du Christ, la couronne du martyre. Leurs noms sont : Clair, Justin, Géronce, Sever, Polycarpe, Jean et Babyle. »

Saint Clair est honoré dans cette église de Bordeaux par une double solennité. La fête y est religieusement célébrée; et, le dimanche qui suit, ses reliques sont portées en procession au milieu d'un brillant concours de peuple. Bien plus, son culte a été en honneur de temps immémorial *dans l'Aquitaine tout entière.* Presque partout le peuple l'invoque particulièrement pour les maladies d'yeux; et cette dévotion, dont l'origine peut paraître frivole à notre esprit raisonneur, a été mise au-dessus de nos étroites critiques par la foi de nos pères, par l'approbation des pasteurs de nos églises et par les faveurs du ciel. Dans un certain nombre de paroisses, de l'eau, bénite le jour de la fête de saint Clair, est conservée pour le soulagement des infirmités de la vue. On montre dans la ville de *Gondrin*, diocèse d'Auch, une fontaine vénérée, auprès de laquelle s'élevait autrefois une chapelle, et où une foule de personnes pieuses vont laver leurs yeux, le jour du 1er juin, en invoquant l'apôtre lectourois.

Saint Clair a été honoré, au cours des siècles, dans les diocèses de *Toulouse, Agen, Cahors, Rodez, Sarlat;* mais son culte revêtait naturellement une solennité plus grande dans le diocèse d'*Albi*, qui lui doit le bienfait de la foi. Le 22 septembre 1700, la cathédrale d'Albi éprouva le désir d'obtenir une partie des reliques de son premier évêque. Ce désir fut satisfait, grâce à la bonne entente des archevêques de Bordeaux et d'Albi. Plusieurs fragments furent déposés dans l'église des Frères Mineurs de cette dernière ville. Le lendemain, elles furent portées à l'église métropolitaine, devant laquelle le chapitre les attendait. Quatre chanoines les reçurent sur leurs épaules, et les portèrent, sous un dais soutenu par les premiers magistrats d'Albi, jusqu'au fond de la nef. Là, déposées sur l'autel, elles reçurent pendant huit jours les pieux hommages des habitants de la cité. Elles furent enfin placées dans une chapelle que Mgr Legoux de la Berchère [1] fit orner de belles peintures,

----

[1] C'est en 1693 qu'il avait ouvert, au fond de la nef de Sainte-Cécile, cette imposante chapelle de Saint-Clair.

sur un autel qu'il dédia lui-même solennellement, et il attribua une indulgence de quarante jours à la récitation de l'oraison du premier évêque d'Albi devant ses reliques.

VI. — Translation d'une relique de saint Clair à Lectoure (1858) : discours du cardinal Donnet.

Cette glorification de saint Clair à Albi eut, au XVIIIe siècle, un retentissement dont les écrivains de l'époque ont conservé glorieusement le souvenir; mais on peut dire, sans hésiter, qu'elle céda de beaucoup en éclat à celle que valut au saint martyr la cérémonie de la translation de ses reliques à Lectoure, qui eut lieu, le 12 octobre 1858, sur l'initiative de l'éminent archevêque d'Auch, Mgr de Salinis. Sur sa demande, le cardinal Donnet, archevêque de Bordeaux, et le vénérable curé de Sainte-Eulalie, M. l'abbé Soury, avaient fait la concession d'une belle relique de saint Clair à l'église Saint-Gervais, antique cathédrale de la ville où le saint apôtre de la Novempopulanie avait cueilli la palme du martyre. Douze évêques, outre le cardinal Donnet, avaient répondu à l'invitation qui leur avait été adressée à ce sujet : NN. SS. de Jerphanion, archevêque d'Albi; Gerbet, évêque de Perpignan: de Langalerie, évêque de Belley; le Vezou de Vézins, évêque d'Agen: Dufêtre, évêque de Nevers: Cousseau, évêque d'Angoulême: Doney, évêque de Montauban; Laurence, évêque de Tarbes; Martial, ancien vicaire général de Bordeaux, évêque de Saint-Brieuc: Hiraboure, évêque d'Aire. Mgr Mioland, archevêque de Toulouse, retenu par une affaire importante dans son diocèse, et Mgr de la Croix d'Azolette, prédécesseur de Mgr de Salinis, en retraite à Lyon, s'étaient fait excuser. A côté de ces prélats, figuraient des représentants officiels de l'autorité publique, le vicomte de Gauville, préfet du Gers, et le général de La Roquette, commandant la subdivision militaire d'Auch. Un des prédicateurs les plus renommés de l'époque, l'abbé Combalot, prêcha la neuvaine préparatoire à la fête. Un pianiste distingué, le Père Hermann, de l'Ordre des Carmes, tenait l'orgue et dirigeait les chants, dont il était lui-même l'auteur inspiré. Deux ecclésiastiques, en qui on se plaisait à saluer des maîtres de la littérature et de la poésie, M. l'abbé Nauziel et M. l'abbé Couture, célébraient le triomphe du martyr en vers magnifiques, que le chanoine Le Boulanger, député par le chapitre d'Amiens [1], faisait résonner de sa puissante voix sous les voûtes de la cathédrale splendidement décorée. Corps du régiment des chasseurs d'Auch, ville merveilleusement ornée, présence de près de deux cents prêtres, concours immense de peuple, transports du vénérable curé de Saint-Gervais, M. l'abbé Mauco, en qui l'âme tout entière de Lectoure semblait vibrer, rien ne manqua pour donner à cette manifestation un caractère de grandeur, qu'aucune autre cérémonie religieuse n'a peut-être égalée, depuis lors, dans le diocèse d'Auch.

La ville de Lectoure est pittoresquement assise sur la crête élevée d'un coteau, au pied duquel se déroule une

---

[1] Mgr de Salinis avait occupé le siège épiscopal d'Amiens (1849-1856) avant d'être transféré à Auch pour raison de santé : voilà pourquoi le chapitre d'Amiens tint à se faire représenter à la cérémonie de Lectoure.

plaine des plus riantes, et du haut duquel l'œil contemple un panorama grandiose, qui s'étend au loin jusqu'au majestueux rideau des Pyrénées. La pente méridionale du plateau, qui soutient la cité, offrait la disposition la plus heureuse pour la marche processionnelle, qui devait se rendre jusqu'à l'antique chapelle de Saint-Gény, où étaient déposées depuis trois jours les reliques de saint Clair. Des deux extrémités du Bastion partent deux chemins, qui serpentent sur les flancs du coteau et vont se rejoindre dans la plaine : c'est par une de ces voies que la procession descendit, et par l'autre qu'elle remonta. Parvenue en face de la cathédrale, la foule était si pressée qu'il fallut la partager en deux groupes. L'un fut introduit dans la cour de l'ancien évêché pour entendre le beau discours que lui adressa Mgr Dufêtre. L'autre pénétra dans l'église de Saint-Gervais, où la cérémonie de l'installation des reliques suivit les rites solennels de la messe pontificale, célébrée par le cardinal Donnet. Pendant ce temps, une cérémonie plus intime, cérémonie de profession religieuse, s'accomplissait dans la chapelle du Carmel, sous la présidence de l'évêque d'Angoulême, et donnait à cette sainte maison une professe qui devait l'édifier de ses vertus, la soutenir de son dévouement pendant plus d'un demi siècle, et qui est encore pleine de vie à l'heure où nous sommes.

Quand l'évangile de la messe pontificale de Saint-Gervais eut été chanté, le vénérable archevêque de Bordeaux adressa à son immense auditoire un discours enflammé, dont on nous pardonnera de citer un passage :

« Si les premiers chrétiens avaient besoin de s'exciter aux luttes du présent par le souvenir des victoires du passé, combien le même secours ne nous est-il pas nécessaire ? Pour rester fidèles, ils avaient dans leur cœur ce je ne sais quoi de généreux qui est le partage des sociétés naissantes. Ils avaient les souvenirs du calvaire; et cependant on leur recommandait de se servir de la pensée des anciens jours pour s'animer à de nouveaux combats. Et nous, qui avons reçu de nos pères, avec une sève religieuse appauvrie, un dévouement incertain de lui-même; nous, dont la vie se passe en alternatives de mouvements généreux et de coupables défaillances, pourrions-nous ne pas sentir la nécessité de cet avertissement de l'apôtre : « Sou-« venez-vous des anciens jours, dans lesquels, éclairés des « lumières d'en haut, vous avez soutenu une lutte ardente « contre les entraînements de votre cœur ». (Hébr., X, 32.)

« Les jours anciens sont ceux où les premiers chrétiens remportèrent sur le monde ces victoires qui fondèrent l'Église, et où la constance des martyrs lassa la rage des persécuteurs.

« Les jours anciens pour vous, habitants de Lectoure, ce sont ceux où vos pères accueillirent une religion proscrite: où, au prix de leur repos, de leur fortune, de leur sang, ils embrassèrent la vérité et lui ouvrirent dans leur cœur un asile inviolable. Qui nous donnera de les voir réchauffer, des rayons de leur foi et de leur courage, l'atmosphère glacée dans laquelle nous vivons ? Qui nous donnera la force de répondre comme les Machabées : « Nous sommes prêts à mourir plutôt que de fouler aux « pieds les lois de la patrie ». (2 Mach., VII, 2.)

« Hélas ! que de déceptions parmi nous, depuis que l'égoïsme a envahi les âmes et que tous aspirent à un repos sans dignité, parce qu'il n'est pas le fruit de la peine et de l'effort ! Combien de fois, jetant autour de nous des regards pleins de tristesse, ne nous sommes-nous pas écriés avec Ezéchiel : « Est-il possible que ces ossements, débris de « nos croyances, épars au milieu des ruines de Babylone, « puissent revenir à la vie : *Putasne vivent ossa ista !* » (Ezéchiel, XXVII, 3.)

« Pardonnez-nous ce cri de douleur, mes Frères. Ce n'est pas vous qui nous l'arrachez; car nous voyons se lever dans vos murs une aurore nouvelle; le présent se lie au passé par un anneau magnifique, et les jours actuels seront bientôt dignes des jours anciens. Un de nos bien-aimés Frères dans l'épiscopat, ici présent, a écrit, avec ce charme de style qui lui est familier : « L'apostolat des « saints ne finit pas avec leur vie terrestre; leurs reliques « ont aussi leur mission, et leurs tombes ne voyagent que « pour évangéliser ». (Mgr Gerbet.)

« Église de Lectoure, sois donc dans l'allégresse ! Avec les ossements de Clair, ton apôtre martyr, revivront dans ton sein les vertus primitives qui te rendaient célèbre parmi les églises d'Aquitaine ! La ferveur de tes fils te consolera de ta splendeur passée ! Si tu n'es pas aussi grande, tu ne seras pas moins heureuse. Au pied de cette châsse bénie, les générations nouvelles viendront respirer les parfums des anciens jours, et se former, sinon aux combats sanglants, du moins aux luttes généreuses de la vertu !

« Le plus grand mal de notre époque n'est pas précisé-ment un manque absolu de foi, mais un manque d'énergie dans la foi. A mesure que disparaissent les convictions vigoureuses, par une conséquence nécessaire, tout devient incertain et mobile; le culte de la famille, celui de la patrie, sont regardés comme ayant fait leur temps. De là cette dégénérescence des âmes, cet affaiblissement des caractères, qui font de notre siècle, malgré ce qu'il a de fascinateur, un des plus étranges de l'histoire. Ah ! que la religion devienne donc la loi universelle, non pas une religion spéculative ou nuageuse, mais la religion comme Jésus-Christ la veut, comme la prêchèrent les apôtres, comme la confessèrent les martyrs, comme l'enseigne l'Église; et alors l'homme retrouvera sa dignité et sa force, et la société son repos.

« Glorieux martyr, patron et protecteur de cette antique cité, daignez nous obtenir du Seigneur un courage et une générosité qui ne sachent jamais se démentir. Bénissez ce peuple qui vous aime, ce clergé qui continue votre œuvre d'apostolat, ces évêques descendus aujourd'hui de leur chaire pontificale pour saluer respectueusement la vôtre, et pour réfléchir sur votre mémoire le lustre de leurs églises. Inspirez à nous tous un dévouement sans borne à la sainte cause de Dieu. Que nous puissions dire avec une sainte confiance comme l'apôtre : « Notre gloire à nous et le « témoignage que nous rend notre conscience, c'est que « nous nous sommes conduits en ce monde dans la simpli- « cité du cœur, et tels que Dieu nous connaît ». (2 Cor., I, 12.) *Amen.* »

On devine aisément l'enthousiasme religieux soulevé dans les âmes par de telles cérémonies et un tel langage.

Les reliques de saint Clair reposent depuis lors dans une chapelle de l'église saint Gervais que sa richesse semble rendre digne de sa destination privilégiée. Des boiseries gothiques en couvrent deux côtés; un magnifique autel, dont le tombeau présente en bas-reliefs les statues des sept martyrs, de saint Gény et du Bon Pasteur, un pavé en marbre blanc et noir, et une élégante balustrade en fer battu complètent ce beau sanctuaire, éclairé par une admirable verrière, où les sept martyrs sont groupés sous un riche dais gothique, et sur un fond qui représente en grisaille une vue de la ville actuelle de Lectoure.

Que ces saintes reliques, reçues avec tant de reconnaissance, gardées avec tant d'amour, soient pour la cité qui les vénère, et pour la contrée qui l'entoure, une bénédiction permanente de l'apôtre martyr qui lui a donné le bienfait de la foi. Les restes inanimés de saint Clair prêcheront encore, comme sa parole prêchait autrefois; et la grâce du Seigneur demeurera toujours attachée à la voix muette du martyr, comme à la voix vivante de l'apôtre : *Defunctus adhuc loquitur !* (Hebr., 11, 4.)

VII. — Le cinquantenaire des reliques à Lectoure; consécration de l'autel de saint Clair (17 octobre 1908).

Un demi-siècle plus tard, le digne successeur de Mᵍʳ de Salinis sur le siège d'Auch résolut de réveiller encore une fois, dans la capitale de la Lomagne, les éloquentes leçons du premier pontife martyr de la Novempopulanie, en célébrant, avec l'éclat qu'il méritait, le *cinquantenaire* de cette installation des reliques de saint Clair dans la cathédrale de Lectoure.

Mᵍʳ Ricard profita de cette circonstance solennelle pour

inaugurer la série de ses intéressants et fructueux *Congrès diocésains*, qu'il ne pouvait, certes, placer sous un plus ancien et plus vénérable patronage. « La formation chrétienne de l'enfant et du jeune homme », tel fut le thème des deux journées (jeudi et vendredi) d'études chrétiennes et sociales, qui précédèrent la grande manifestation commémorative du dimanche 18 octobre. Chacune de ces journées commençait et finissait aux pieds de saint Clair, près de ses reliques, où les rapporteurs et la foule venaient, matin et soir, puiser leurs inspirations. Un illustre enfant du pays, M. l'abbé Gayraud, ancien professeur à la Faculté de Théologie de Toulouse et alors député du Finistère, fut l'orateur très avidement écouté de ces fêtes, soit à la tribune du congrès, soit à la chaire de la cathédrale, où il traita magistralement ce sujet fondamental, si actuel depuis un quart de siècle : « Doit-on donner aux enfants une éducation chrétienne, ou les élever sans religion ? »

« Mgr l'Archevêque avait invité de nombreux prélats et le cardinal Lecot, archevêque de Bordeaux, devait présider. Un deuil cruel est venu, au moment du départ pour Lectoure, l'empêcher de tenir sa promesse. D'autres évêques ont exprimé leurs regrets de ne pouvoir venir, en particulier NN. SS. de Perpignan et d'Annecy, enfants tous les deux du diocèse [1] ».

L'autel de saint Clair fut *consacré*, le samedi matin, avec toute la pompe sacrée de la sainte liturgie. La cathédrale Saint-Gervais de Lectoure n'a maintenant plus rien à envier à Sainte-Cécile d'Albi. Dans la soirée, les Lectourois firent

---

[1] Chanoine DUCASSÉ : Compte rendu dans la *Semaine religieuse* (36ᵉ année nᵒ 43).

un accueil enthousiaste aux pontifes qui venaient, ainsi qu'une centaine de prêtres et plusieurs milliers de pèlerins, participer à la fête grandiose du lendemain. C'étaient Mgr Mignot, successeur de saint Clair sur le siège d'Albi; Mgr Germain, archevêque de Toulouse; Mgr Touzet, évêque d'Aire; Mgr Gieure, évêque de Bayonne; Mgr du Vauroux, évêque d'Agen.

Le dimanche, après les messes de communion, Mgr de Toulouse célébra la messe pontificale. Un chœur d'artistes lectourois, dirigé par M. le docteur Miran, organiste, chanta la belle messe de Gounod, tandis que les élèves du Grand Séminaire d'Auch exécutaient, en chant grégorien, les parties qui leur étaient réservées. Les harmonies majestueuses de l'orgue et les joyeux accents de la fanfare du collège de Gimont rehaussaient encore l'éclat de la cérémonie.

Aux vêpres, M. l'abbé Gayraud, de sa voix claironnante, célébra les victoires de la foi catholique et en précisa les conditions. « De nos jours plus que jamais la foi doit être *éclairée*, car nous luttons pour une doctrine contre une doctrine, et la victoire ne peut être que le résultat d'une lumière surabondante; — *publique*, car la pusillanimité, la lâcheté d'un trop grand nombre de catholiques constituent une sorte de trahison à l'égard de la cause religieuse, surtout en faisant écrire à l'ennemi que cette cause sacrée n'intéresse et ne touche que le petit nombre; — *militante* enfin, car tout catholique est obligé, en tant que citoyen, d'user chrétiennement de sa part de souveraineté et de responsabilité, dans le but d'assurer et de garantir la pleine liberté de sa conscience et le respect public de sa foi. A ces conditions, la victoire est à nous : nous serons des croyants libres et respectés. En avant pour le Christ et pour la France, pour l'Humanité et pour la Patrie ! »

A l'issue de cette cérémonie, toute procession étant malheureusement interdite par l'autorité civile, un cortège s'organise, à la suite des trois archevêques et des trois évêques, au chant des cantiques et aux accents de la marche triomphale de la fanfare du collège de Gimont, pour aller vénérer la *croix de Saint-Clair*, qui se dresse sur le monticule arrosé autrefois par le sang du glorieux martyr. Sur cette terre sacrée, Mgr de Bayonne adjura l'immense foule des pèlerins, qui se comptaient par douze ou quinze mille, de rester « fermes dans la foi » dont saint Clair avait été, en cet endroit même, l'héroïque témoin.

Du fond de son cœur, débordant de joie et de reconnaissance, Mgr Ricard adressa ses remerciements aux prélats qui l'entouraient, aux prêtres qui avaient conduit aux pieds de saint Clair de si nombreux fidèles, à tous ses diocésains enfin, sans oublier les organisateurs de cette superbe manifestation religieuse, M. le chanoine Dasque, archiprêtre, admirablement secondé par les abbés Moussaron, Tournier et Saint-Arroman.

Tandis que les groupes se dispersaient, on entendait les anciens du pays, heureux témoins de la translation de 1858, rappeler l'émerveillement des Lectourois de cette époque lointaine qui s'écriaient, comme ceux d'aujourd'hui : « Jamais on ne vit et on ne verra rien de plus beau ! » A cette exclamation naïve, l'Église catholique, toujours jeune et immortelle comme son fondateur, sait donner de fréquents et solennels démentis.

En terminant cette étude sur saint Clair, nous exprime-
rons le souhait de voir les diocésains d'Auch rendre un
culte plus reconnaissant et plus enthousiaste au proto-
martyr et premier évêque du pays, dont la mémoire devrait
leur être aussi chère que celle de saint Saturnin aux fidèles
de Toulouse. A peine peut-on citer actuellement quatre
paroisses du Gers qui se glorifient de l'avoir pour patron :
Saint-Clar, chef-lieu de canton, dont nous avons déjà
parlé; *Bezolles*, dans le doyenné de Valence; *Mormès*, dans
celui de Nogaro; *Réjaumont*, dans celui de Fleurance. Et
dans ces paroisses privilégiées, combien de parents chrétiens se font un honneur de placer leurs enfants sous la
protection du grand martyr en leur donnant son nom béni,
le jour du baptême ?...

Autrefois, lorsque les reliques de saint Clair reposaient,
du moins en majeure partie, dans la cathédrale gallo-
romaine des deux saints Jean, la ville d'Auch possédait
sur son territoire une *église de Saint-Clair*, qui a disparu
sans laisser de vestiges, mais dont nos Cartulaires [1] attestent l'existence. Elle était située dans le faubourg qui
formait l'avenue de Lectoure, près du quartier actuel de
cavalerie. Quand l'abbaye bénédictine de Saint-Orens
occupa l'emplacement de la première cathédrale auscitaine,
une des quatre chapelles du nouvel édifice fut dédiée à
saint Clair, et c'est à cet autel que se fit, jusqu'à la Révolution, le service de la paroisse Saint-Orens [2]. En 1800, on

[1] *Cartulaires de Sainte-Marie d'Auch*, édition C. LA PLAGNE
BARRIS, p. 78. *Ad septentrionem capellam sancti Clari*. En 1105, la
bulle de Pascal II citait cette église de Saint-Clair comme dépendant
du Prieuré bénédictin de Saint-Orens (p. 209).

[2] BRUGÈLES : *Chroniques eccl. d'Auch*, p. 370.

retrouva, derrière cet autel, le tombeau de Bernard d'Armagnac, dit le Louche, petit-fils de Sanche Menditarra, premier duc héréditaire de Gascogne. En choisissant pour dernière demeure la chapelle de Saint-Clair, le pieux fondateur de l'abbaye de Saint-Orens nous semble avoir voulu représenter la tradition des âges passés, et témoigner de l'universelle vénération que les fidèles du comté de Fezensac et de tout l'archidiocèse d'Auch professaient encore au Xᵉ siècle, à l'égard de leur premier Père dans la foi, le vaillant pontife martyrisé à Lectoure, saint Clair [1].

ORAISON DE SAINT CLAIR.

O Dieu, qui nous donnez tous les ans la joie de célébrer la fête du Bienheureux Clair, votre Martyr et Pontife, accordez-nous, dans votre miséricorde, la grâce de jouir de la protection de celui dont nous honorons l'entrée au ciel. — Par Notre-Seigneur Jésus-Christ.

[1] CANÉTO : *Prieuré de Saint-Orens d'Auch*, pp. 284 et 306. — Dans sa *Monographie de Sainte-Marie d'Auch*, il rappelle, à propos d'un autel de la crypte de la cathédrale, destiné à saint Clair, que le sarcophage de notre premier pontife, jadis au pouvoir des chanoines Orientins, « monument en marbre blanc de l'ère des martyrs, a trouvé place dans les collections publiques de la ville de Toulouse. » (*Catal. Boschach*. nᵒ 811. musée). *Bulletin* de la Société Archéologique du Gers, IXᵉ année, pp. 197-200.

APPENDICES DE LA VIE DE SAINT CLAIR

I.

LES SIX COMPAGNONS DE SAINT CLAIR.

Ainsi que nous l'avons dit, le *manuscrit* bénédictin de Saint-Sever (XIe siècle), qui résume toute la tradition concernant saint Clair, et l'*inscription* gravée sur les murs de l'église Sainte-Eulalie de Bordeaux attestent que le saint apôtre, se rendant en Aquitaine, fut suivi de six compagnons qui se nommaient : *Justin, Girons, Sever, Polycarpe, Jean et Babyle.* D'après ces documents, les vénérables apôtres sont tous issus de la Grèce comme lui : tous l'ont accompagné à Rome et dans l'Aquitaine ; tous auraient subi le martyre, mais en divers endroits : *Passi sunt cum eo, sed alii aliis in locis*, dit le Propre Agenais, édité par Mgr Barthélémy d'Elbène (1635-1663).

Deux d'entre eux, *Polycarpe* et *Jean*, sont demeurés jusqu'à ce jour absolument inconnus. Les quatre autres figurent avec quelques détails dans les traditions locales et dans les bréviaires de la province ecclésiastique d'Auch ; mais ces détails se réduisent à quelques traits dont on nous saura gré de fixer ici le souvenir.

1. SAINT JUSTIN, évêque de Tarbes.

Aucun document historique ne nous apprend quel fut le premier apôtre qui apporta la lumière de la foi en Bigorre et qui jeta les fondements de l'église de Tarbes. Mais on conjecture que ce premier apôtre fut saint Justin, d'après les données historiques suivantes.

Dans l'antique martyrologe qui porte le titre de saint Jérôme, on lit à la date du 1ᵉʳ mai : *Décès de saint Justin, grand évêque dans la Bigorre*. Il faut conclure de là que saint Justin fut évêque dans la Bigorre avant l'an 420, date de la mort de saint Jérôme, car il est certain que ce martyrologe ne mentionne aucun saint qui ne soit antérieur à saint Jérôme, ou du moins son contemporain. Ceux qui sont inscrits à la fin, en caractères différents, ont été ajoutés plus tard. Justin y est désigné avec la qualité de *grand évêque*, ce qui pourrait bien avoir le même sens que *premier évêque*.

Saint Grégoire de Tours (†595) fait mention de saint Justin dans son livre de la *Gloire des confesseurs;* mais il le qualifie du titre de *prêtre* et non de celui d'*évêque*. Faut-il conclure de là que Justin ne fut pas évêque ? Non, parce que l'autorité du martyrologe hiéronymien l'emporte, comme étant un document plus antique. On est du reste autorisé à croire que Grégoire de Tours est tombé ici dans une des nombreuses erreurs, qui se rencontrent dans ses récits historiques, par suite des difficultés qu'il a eues à se procurer des documents complets sur les personnages dont il a parlé. Grégoire ajoute que le corps de saint Justin fut déposé dans le bourg de *Cessac* (*Vicus Sexiacensis*) situé à six lieues de Tarbes, en Bigorre. Dom Ruinart (1735-1791) observe que, de son temps encore, on voyait, non loin de l'église paroissiale de Cessac, un vieil oratoire presque entièrement détruit, accompagné de deux cellules, et portant le vocable de *Saint-Justin*. Il conjecture que le corps du saint évêque avait reposé là dans les siècles passés.

Le diocèse d'Auch possède, depuis le Concordat de 1801, une paroisse qui appartenait autrefois au diocèse de Tarbes et qui porte le nom de *Saint-Justin*, doyenné de Marciac. Ce nom lui vient d'un prieuré bénédictin, bâti sur son territoire, et doté d'une partie considérable des reliques du saint martyr. Cette paroisse possède encore aujourd'hui *le chef* de saint Justin enfermé dans un beau reliquaire en lames d'argent, qui paraît remonter à une haute antiquité. — La fête de saint Justin se célébrait le 28 mars (Propre Provincial d'Auch). Il serait à désirer que son culte fût remis en honneur avec quelque éclat dans la paroisse qui a reçu de lui son nom et qui possède une de ses reliques insignes.

2. SAINT SEVER, martyr en Chalosse.

Les bénédictins de Saint-Sever (Landes) ont étudié, avec un soin particulier, les documents qui concernent le vénérable martyr dont leur monastère porte le nom. Or les seuls faits solidement établis, que renferme le précieux recueil bénédictin, sont les suivants :

1° Saint Sever est contemporain de saint Clair et l'a accompagné à Rome, pour recevoir la délégation du Saint-Siège, et en Novempopulanie, pour y prêcher la foi. — 2° La cité gallo-romaine qui devait porter plus tard le nom de *Saint-Sever* s'appelait alors *Palestrion*. — 3° Un prince de cette ville, désigné sous le nom d'*Adrien*, affligé d'une grande maladie, fait appeler Sever, dont la renommée était parvenue jusqu'à lui, lui demande sa guérison en retour de la promesse qu'il lui fait de renier ses idoles, est miraculeusement guéri et reçoit le baptême. — 4° Tous les sujets de ce prince reçoivent le baptême à sa suite. — 5° Mais, une tribu ennemie et idolâtre étant survenue à l'improviste, Sever est mis à mort et scelle de son sang la foi qu'il était venu apporter à cette contrée.

Tout le reste de la légende est hypothétique.

Le corps du saint martyr fut déposé dans un tombeau devant lequel vint se prosterner, en 982, Guillaume-Sanche, cinquième duc de Gascogne, avant d'aller combattre les Normands. Là, il fit vœu, s'il était vainqueur, d'élever en l'honneur de saint Sever, la magnifique *Abbaye* qu'on admirait encore au XVIIIe siècle, et qui fut l'objet de pèlerinages nombreux dans le cours du Moyen-âge [1]. Élevé au fond de l'abside principale de cette église, entouré des honneurs liturgiques, tout voisin du puits miraculeux qui se voyait encore au dernier siècle dans le chœur de la basilique, l'illustre tombeau reçut, jusqu'aux guerres civiles du XVIe siècle, les hommages empressés de la piété populaire. Les archives bénédictines mentionnent la présence à peu près complète du corps du saint martyr dans cette église ;

---

[1] L'église abbatiale de Saint-Sever est une des églises romanes les plus remarquables du sud-ouest. C'est une église à trois nefs sur l'axe principal et autant sur le transept. Les principales constructions du monastère subsistent encore. et servent d'installation au presbytère, à la mairie et à la sous-préfecture.

il faut en conclure que la translation des reliques, faite du temps de Charlemagne, ne doit s'entendre que d'une portion de ce corps. Au XVIIIe siècle encore, ce tombeau restauré, entouré de tableaux historiques représentant les miracles du saint, apparaissait sous un dais qui l'ombrageait comme il était d'usage pour les tombeaux et les châsses des saints.

La fête de saint Sever se célèbre le 3 novembre. Elle était inscrite, comme celle de saint Justin, au Propre provincial d'Auch, autorisé par Rome en 1890.

3. SAINT GIRONS, prêtre d'Aire.

La tradition, qui fait de saint Girons un des compagnons de saint Clair, nous le montre d'abord parcourant, en qualité de moine, diverses maisons de la Syrie, et puis se rendant avec eux dans la ville de Rome, où il passe une année entière. Il fut promu au sacerdoce et reçoit du Pape, saint Anaclet, la mission d'évangéliser la Novempopulanie. Quand il fut parvenu dans cette contrée, un de ses premiers soins fut de visiter la ville de Palestrion, pour rendre hommage à son compatriote saint Sever, qui y avait reçu, depuis peu de temps, la couronne du martyre en témoignage de sa foi. Les actes de son apostolat sont inconnus « Il est sûr cependant », d'après M. Degert [1], « qu'un des saints les plus anciens qu'ait honorés la ville d'Aire est bien saint Girons. »

On s'est plu, à une certaine époque, à considérer saint

[1] M. l'abbé A. DEGERT, professeur à l'Institut catholique de Toulouse : *Histoire des Évêques d'Aire*, page 12, édition 1908.

Girons comme le premier évêque d'Aire, parce que, dans
les anciennes litanies en usage dans ce diocèse, son nom
est placé immédiatement après celui des apôtres, ce qui
constituait alors un privilège liturgique, qui n'était accordé
qu'à l'apôtre de la contrée et au premier évêque de la cité.
Mais une étude sérieuse a prouvé que cette déduction est
contraire à la réalité historique, et que saint Girons n'a eu
que le caractère sacerdotal. Il n'a pas été non plus martyr;
mais sa sainte mort, survenue dans la région d'Aire, lui a
valu les honneurs d'un culte religieux de la part des
Aturins, jaloux d'associer son souvenir à celui des autres
compagnons de saint Clair [1].

Les habitants de la Chalosse (Landes), et particulièrement ceux de Hagetmau, ville de trois mille âmes, ont
professé de tout temps envers lui une grande dévotion.
L'*Abbaye* de Saint-Girons de Hagetmau, transformée plus
tard en collégiale, fut établie en son honneur. Sur la
demande des moines, de précieuses indulgences furent
accordées au pieux sanctuaire par les Souverains Pontifes
Clément IX, Clément X et Benoît XIV. Les reliques du
saint étaient honorées chaque année, le 4 mai, par une
procession solennelle. La Révolution de 93 leur fit subir
une profanation sacrilège; mais il en resta quelques débris
qui furent recueillis par la piété des fidèles, et qui, joints
à de précieuses parcelles venues des églises de Saint-Girons
(Ariège) et de Sainte-Eulalie de Bordeaux, reconstituèrent
dans quelque mesure le trésor sacré de l'église de Hagetmau. On admire, dans cette église, une crypte d'une grande

[1] M. l'abbé A. DEGERT, professeur à l'Institut catholique de Toulouse : *Histoire des Évêques d'Aire*, page 12, édition 1908.

beauté, construite au XIIe siècle, et portant le vocable de Saint-Girons. On dirait une châsse grandiose et magnifique, qui perpétue le culte du vénérable martyr, au milieu de la population chrétienne de la Chalosse.

Il ne faut pas confondre saint Girons d'Aire, confesseur non pontife, dont la fête se célèbre le 4 mai, avec le prêtre saint Girons d'Antioche, également cité au martyrologe hiéronymien, et fêté le 9 décembre.

4, SAINT BABYLE.

De tous les vénérés compagnons de saint Clair, Babyle est celui qui est représenté par la tradition comme l'associé constant des travaux de son apostolat, l'ayant suivi pas à pas dans tous les lieux qu'il a évangélisés, depuis son départ de Rome jusqu'à sa mort. D'après un document qui paraît avoir une valeur historique, Hauteserre nous apprend qu'il fut martyrisé à Lectoure, comme saint Clair lui-même, non pas au même jour peut-être, mais au même temps. Il était honoré jadis d'un culte spécial dans le diocèse de Lectoure, où le peuple le désignait sous le nom de saint Bebel [1].

---

[1] *Dictionnaire d'Hagiographie de Migne*, cité par M. l'abbé Couture dans un article où il parle de saint Clair et de ses compagnons d'apostolat. — M. Couture, éminent rédacteur de la *Revue d'Aquitaine* et de la *Revue de Gascogne*, après avoir professé les humanités au collège ecclésiastique de Lectoure, et la philosophie au Petit Séminaire d'Auch, occupa brillamment la chaire de littérature romane à l'Institut Catholique de Toulouse.

II.

DEUX CHANTS COMPOSÉS EN L'HONNEUR DE SAINT CLAIR, A L'OCCASION DE LA TRANSLATION DE SES RELIQUES A LECTOURE, LE 12 OCTOBRE 1858.

Cantique de M. Couture. — Musique de Lambillotte.

Refrain.

Chantons, célébrons sa mémoire,
Il est saint, apôtre et martyr !
Il a trois couronnes de gloire :
Trois fois nous devons l'applaudir !

1.

O Clair, de ses divines flammes
La charité brûla ton cœur ;
Et tu voulus gagner des âmes
Au roi des cieux, ton doux
[vainqueur.
Parti des rives africaines
Tu vins, héroïque soldat,
Chercher sur les plages loin-
[taines
La couronne du saint combat !

2.

Jésus mettait dans ta parole
Un charme plus puissant que
[l'art.
Sur ton front pur une auréole,
Et des flammes dans ton regard !
Rome vit sous ses vieux porti-
[ques
Les sept pèlerins de la foi :
Et les divinités antiques,
O Clair, tremblèrent devant toi !

3.

Venez, de la Rome fidèle
Le saint Pontife est votre appui ;
Traversez la ville éternelle :
Venez, courbez-vous devant lui !
Il ne peut donner qu'une obole,
Ce prêtre plus grand que les rois ;
Mais tous les dieux du Capitole
Se taisent au son de sa voix.

4.

Du vieux pêcheur de Galilée
Gardant la houlette et l'anneau,
A chaque terre désolée
Il envoie un semeur nouveau.
Il sait une église lointaine
Que l'ardeur des tyrans abat :
« Mes fils, partez pour l'Aqui-
[taine,
Et combattez un bon combat ».

5.

Ils vont, armés de l'Évangile,
Et dans les âmes, nuit et jour,
Que le sol soit rude ou facile,
Sèment la foi, l'espoir, l'amour !
A chacun vous gardiez un trône
Dans vos palais, Roi tout-puis-
     [sant ;
Chacun vous porta la couronne
Achetée au prix de son sang.

6.

Reçois, Albi, cité païenne,
Le chef des nobles envoyés !
Tes démons l'attardent à peine,
Leur fureur expire à ses pieds.
Clair, en prêchant la loi céleste,
Délivre, prodige éclatant !
Les corps des horreurs de la
     [peste,
Les âmes du joug de Satan !

7.

Et bientôt la cité gauloise
Devant Clair a brisé ses dieux.
Sans doute la terre albigeoise
Aura ton tombeau glorieux.
Mais non : du Dieu mort au
     [Calvaire
Il veut au loin porter la croix ;
Il veut étendre la lumière
Jusqu'en vos murs, ô Lectourois !

8.

Oui, tu plantas dans notre ville
De ta foi le noble étendard ;
D'un peuple fervent et docile
La croix fut l'arme et le rem-
     [part.
O Clair, ta patrie est la nôtre :
Car chez nous Dieu voulut unir
Sur ton front, au nimbe d'apôtre,
Les fleurs sanglantes du martyr !

9.

Du vieux culte un honteux
     [symbole
Sous ton regard tombe en débris.
Il est encor plus d'une idole
Dans la cité que tu chéris.
Oh ! de la foule qui t'entoure
Bannis les vices dégradants ;
Patron béni, rends à Lectoure
Les saintes vertus du vieux
     [temps !

10.

Ton sang versé sur nos collines
Fit germer des fruits pour les
     [cieux ;
L'arbre frappé dans ses racines
Périra-t-il donc sous tes yeux ?
Les plaisirs, l'or, l'indifférence,
Perdent les âmes chaque jour,
Saint martyr, rends-nous l'espé-
     [rance,
Rends-nous la foi, rends-nous
     [l'amour !

Cantique de M. Nauziel. — Musique du P. Hermann.

Refrain.

Salut, ô vieux martyrs, votre cité chérie
Vous ramène aujourd'hui dans ses murs triomphants !
Rentrez dans vos foyers, auguste colonie,
Ancêtres immortels, bénissez vos enfants !

1.

Reconnaissez ces champs où germaient vos paroles,
Ces marbres tout chargés des noms de vos tyrans,
Ce temple, où vos regards foudroyaient les idoles,
Cette onde où vos bourreaux lavaient leurs bras saignants.

2.

Où sont-ils ces tyrans dont la menace altière
Voulait courber vos fronts sous un joug criminel ?
Le vent avec mépris balaya leur poussière,
Et pour vos os sacrés l'amour dresse un autel !

3.

Hélas ! cette cité, complice sacrilège.
Jadis de vos bourreaux applaudit les fureurs.
Mais en baignant ses murs votre sang la protège.
Et la moisson du ciel croît sous ses flots vainqueurs.

4.

Oh ! rentrez, expiant les crimes de nos pères.
Nous en effacerons la trace sous nos pleurs !
Médiateurs sacrés, qu'appelaient nos prières,
Venez ! nous vous ferons un temple de nos cœurs,

5.

De ce séjour aimé ne quittez pas l'enceinte !
Restez pour nous bénir ! Et. jusqu'au dernier jour.
Faites de tout ce peuple une famille sainte,
Versez sur lui la paix, l'harmonie et l'amour !

6.

Des souillures des sens purifiez notre âme ;
Et pour les grands combats si la foi nous réclame,
Détournez nos regards de ce qui doit périr,
Apprenez-nous à vaincre, aidez-nous à mourir !

III.

LE SIÈGE ÉPISCOPAL DE LECTOURE.

Bien que la ville de Lectoure n'ait pas l'honneur, comme Albi, de commencer par le glorieux nom de saint Clair la liste de ses pontifes, nous ne saurions mieux placer qu'à la suite de la vie du premier apôtre de Lectoure, une courte histoire de ce siège épiscopal, probablement aussi ancien que celui d'Éauze et celui d'Auch.

Cette page d'histoire, nous la trouvons merveilleusement résumée dans un document officiel, dont toutes nos chaires retentirent un jour, mais qu'on sera heureux de relire, comme suite de la vie de saint Clair. C'est la Lettre pastorale de Mgr Ricard, archevêque d'Auch, lettre portant publication du décret apostolique du 29 juin 1908, qui rétablit les anciens titres épiscopaux supprimés de Lectoure, de Condom et de Lombez. Nous reproduirons le texte archiépiscopal, en y ajoutant simplement des dates qu'il aurait été fastidieux d'entendre proclamer dans une Lettre pastorale, mais que les lecteurs seront certainement heureux de voir consignées dans le présent volume.

« Avec Lectoure, nous remontons presque aux temps

apostoliques. Quelle noble origine, quelles richesses historiques !

« C'est d'abord l'admirable apôtre *saint Clair* qui, venu de l'Orient, pressé par les ardeurs d'un prosélytisme chrétien qui le dévore, après avoir fait trembler les faux dieux de la région albigeoise, devient l'apôtre de Lectoure, scelle de son sang la foi qu'il prêche, et nous laisse, avec les souvenirs de sa sainte vie, son corps consacré par le martyre.

« Deux siècles plus tard, sous le tyran Dioclétien, c'est le pieux solitaire *saint Geny* qui n'exhale sa belle âme à Dieu, en sa caverne sauvage, qu'après avoir enfanté à Jésus-Christ les soldats eux-mêmes qu'on avait envoyés pour le mettre à mort.

« C'est enfin le diacre *saint Maurin*, notre Étienne à nous, issu de la région agenaise, qui meurt pour cette foi dont il s'était constitué l'apôtre infatigable, et qui tombe sous le fer des Ariens que ses succès avaient exaspérés.

« Et si nous considérons la lignée des Pontifes de cette Église, depuis *Heutérius* [1], le premier évêque résidant, vers 240, jusqu'à celui qui fut le dernier anneau de la chaine brisée par la Révolution, quels noms et quels ouvriers admirables !

« C'est *Vigilius*, qui assista au célèbre concile d'Agde (506): *Géraud de Monlezun* (1268-1295), animé pour la maison de Dieu d'un zèle dévorant; *Guillaume de Bordes*

---

[1] Nous avons dit dans la vie de saint Geny que l'évêque Heutérius était cité par OÏHÉNART : *Notitia utriusque Vasconiæ*, p. 481. — Dans la vie de saint Bertrand, 16 octobre, il sera fait mention de son propre neveu *Guillaume de l'Isle-Jourdain*, branche d'Endoufielle ou Endozille, qui occupa le siège de Lectoure (1118-1126) avant de devenir un des archevêques d'Auch les plus remarquables.

(1308-1330), qui reçut le pape Clément V au moment où ce Pontife se rendait à Comminges pour une translation de reliques; *Guillaume de Barton* (1544-1569) qui fut un des Pères du concile de Trente; *Jean d'Estresse* (1635-1646), le grand pénitent; *Hugues de Bar* (1671-1691), le vigilant gardien de la discipline ecclésiastique; *Claude de Narbonne-Pelet* (1745-1760), l'évêque missionnaire, l'ami des pauvres et des faibles, qui fonda l'hospice actuel de Lectoure[1], et créa des ouvroirs pour fournir du travail aux indigents de la ville; enfin le dernier de cette chaîne glorieuse, *Louis-Emmanuel de Cugnac* (1772), que la Révolution fut impuissante à éloigner de son troupeau, près duquel, malgré les dangers, il voulut continuer à vivre, près duquel il mourut au moment où l'ère nouvelle de paix allait s'ouvrir pour l'église de France[2]. »

Tels sont les principaux prélats qui ont gouverné l'église de Lectoure à la suite de saint Clair, et qui ont contribué à féconder le sol arrosé du sang de ce glorieux martyr, en maintenant la foi chrétienne dans cette ville à

---

[1] L'hôpital de Lectoure a été construit sur les ruines du château fort des comtes d'Armagnac qui dominait la vallée du Gers.

[2] A ce moment, le curé de la cathédrale était un vénérable confesseur de la foi, M. Benquet, qui gouverna la paroisse jusqu'en 1827. — Après le passage, relativement rapide de M. Bonnafont, qui devint vicaire général d'Auch, il y eut la longue et fructueuse administration de M. Mauco, très dévoué à saint Clair, à qui il éleva un autel dans la cathédrale magnifiquement restaurée. — En 1892, fut installé M. Cézérac, devenu vicaire général d'Auch et évêque de Cahors, qui a fait classer la tour et poser des verrières au chœur. — Le digne successeur de cette belle lignée de pontifes et de prêtres, M. Dasque (1900), a fait classer la cathédrale, on lui doit les fêtes du *Cinquantenaire* et la *Confrérie de Saint-Clair* pour la défense, la conservation et la résurrection de la foi.

travers les péripéties douloureuses et parfois sanglantes de
sa tragique histoire. Il nous a semblé qu'évoquer leur souvenir serait faire luire un rayon de gloire sur le tombeau
de saint Clair, qui les a couverts de son puissant patronage, et dont ils ont fait revivre les vertus dans le cours
des siècles.

CONFRÉRIE DE LA FOI

(Sous le patronage de saint Clair et de saint Maurin)

Érigée dans la Cathédrale de Lectoure

Par Mgr RICARD, Archevêque d'Auch

Évêque de Lectoure, Condom et Lombez.

Il entre dans les plans de Dieu que les saints, qui ont accompli sur la terre une mission importante, continuent à l'exercer par leurs prières, dans le ciel. Nous voyons dans la Bible, que le Seigneur encourage Judas Macchabée, en lui montrant Jérémie intercédant sans cesse en faveur du peuple qui lui avait été confié. « Il est là qui prie beaucoup pour le peuple et pour la sainte cité, Jérémie, le prophète de Dieu... [1]. »

A ce titre, l'évêque *saint Clair*, le premier apôtre de la foi dans nos contrées, émule et contemporain de saint Saturnin de Toulouse, — et le diacre *saint Maurin*, l'ardent défenseur de la divinité de Jésus-Christ contre les Ariens, — qui ont donné l'un et l'autre à leurs prédications, à Lectoure, le suprême témoignage du martyre, doivent demeurer chargés par Dieu, dans notre diocèse d'Auch et dans les villes qu'ils ont évangélisées, de veiller à la conservation de la foi, de la défendre dans tous ses périls, de l'augmenter dans l'âme des croyants — de la donner aux incrédules, — enfin, de la ressusciter dans les âmes qui l'auraient perdue.

---

[1] Ces paroles ont été appliquées par l'Église à la B. Jeanne d'Arc (antienne du *Magnificat.* 1res vêpres).

Cette foi, que saint Clair a apportée et que saint Maurin a défendue si vaillamment, est la plus grande grâce que Dieu fasse aux hommes. Elle est le grand ressort de la vie, l'inspiratrice et la source de toutes les vertus, de tous les sacrifices, de tous les héroïsmes et de toutes les consolations dans les épreuves. Or, par le fait de causes diverses, la foi est sensiblement diminuée, affaiblie dans la plupart des chrétiens, et même, elle est éteinte ou endormie dans un grand nombre d'âmes; de là, un retour de plus en plus accentué vers les mœurs du paganisme. Le salut éternel de beaucoup est en péril, aussi bien que l'ordre social.

Ému de l'affaiblissement de la foi dans les âmes et des périls qu'elle court dans notre pays, Mgr l'Archevêque d'Auch, évêque de Lectoure, a érigé une CONFRÉRIE DE LA FOI qu'il a placée sous le patronage de *saint Clair*, le glorieux apôtre de l'Aquitaine, et du diacre *saint Maurin*, tous les deux martyrisés à Lectoure.

La CONFRÉRIE DE LA FOI est appelée à généraliser ce souci de la foi qu'avaient nos pères, à provoquer des prières en vue de la conservation, de l'accroissement et de la résurrection de ce don si précieux, à inspirer des résolutions efficaces pour protéger la foi en nous et autour de nous, à nous donner enfin un grand respect pour les *ouvriers de la foi*, qui se dépensent pour la communiquer aux âmes, la défendre et la ressusciter au besoin.

Les statuts de la Confrérie demanderont donc aux associés des prières spéciales, pour la foi. Elle est un don de Dieu. Lui seul la donne, l'accroît, la conserve. Lui seul peut la faire revivre.

Déjà, en 1858, quand les reliques de saint Clair furent

solennellement transférées à Lectoure, un mouvement de prières avait été inauguré dans la chapelle de Saint-Clair, pour demander à Dieu, par l'intercession du premier martyr du diocèse, la conservation et la résurrection de la foi dans les âmes. Ces supplications en faveur de la foi avaient été importées de l'église Sainte-Eulalie de Bordeaux, où Charlemagne fit autrefois déposer les précieux restes de saint Clair, pour les mettre à l'abri de la barbarie des Normands.

Ces traditionnelles prières pour la foi consistaient dans la récitation de l'antique *Credo*, avec l'oraison de saint Clair précédée de l'ardente prière de saint Pierre : *Domine, adauge nobis FIDEM*. « Seigneur, augmentez en nous la FOI. »

En plus de prières à dire, la Confrérie demande aux associés des résolutions efficaces pour protéger, sauvegarder, favoriser, propager la foi en eux et autour d'eux, telles que : de pratiquer la lecture du saint Évangile; de lire, de relire un livre de doctrine religieuse, au moins le catéchisme; instituer la prière en famille; de s'interdire le mauvais journal et les livres suspects dont la lecture est périlleuse pour la foi et pour la vertu; de conseiller, de favoriser, de propager les bonnes lectures; de favoriser les vocations ecclésiastiques.

La prière, le recours à Dieu par l'intercession et par les mérites des saints qui ont prêché la Foi dans notre pays et qui ont donné leur vie en témoignage; — la pratique des résolutions que la Confrérie demande aux associés, préserveront, sauvegarderont la foi chez tous, amèneront dans les âmes un réveil, un accroissement de cette vertu qui se traduira par une vie plus chrétienne dans le temps, et qui assurera le salut éternel. Plus que jamais, la restauration du règne de Dieu dans les âmes et dans la vie publique exige de nombreux ouvriers, des prêtres nombreux; la Confrérie aidera à les multiplier.

Véritablement, la Confrérie de la Foi est une œuvre opportune; elle vient à son heure; elle répond à de vrais besoins, et dès lors, on en peut attendre de grands biens.

STATUTS DE LA CONFRÉRIE

ARTICLE Ier. — La *Confrérie de la Foi*, instituée en vue de favoriser la conservation, l'augmentation et la résurrection de la foi, est érigée par Mgr Ricard, Archevêque d'Auch, dans la chapelle de Saint-Clair de la cathédrale de Lectoure. Cette Confrérie est placée sous le patronage de l'évêque *saint Clair*, qui apporta la foi dans plusieurs villes de la Novempopulanie, et fut martyrisé dans la ville de Lectoure, et sous le patronage du diacre *saint Maurin*, qui vint à Lectoure pour y défendre la divinité de Jésus-Christ contre les Ariens et y subit aussi un martyre glorieux.

ARTICLE II. — Les adhérents doivent demander leur inscription à M. l'archiprêtre de la cathédrale de Lectoure. On peut faire inscrire les parents, les amis. A leur défaut, on dira à leur intention les prières prescrites à l'article suivant.

ARTICLE III. — Les adhérents s'engagent à réciter, tous les jours, les invocations suivantes :

Mon Dieu, je crois en vous, j'espère en vous, je vous aime de tout mon cœur.   (100 jours d'indulgence.)

Cœur eucharistique de Jésus, conservez et augmentez en nous la foi, l'espérance, la charité.

(100 jours d'indulgence.)

Cœur miséricordieux de Jésus, redonnez la foi à ceux qui l'ont perdue. (100 jours d'indulgence.)

Marie, mère de la divine grâce, priez pour nous.

(100 jours d'indulgence.)

Saint Clair et saint Maurin, priez pour nous.

(100 jours d'indulgence.)

ARTICLE IV. — Les associés célébreront pieusement, tous les ans, la fête de saint Clair (1er juin) et celle de saint Maurin (28 novembre).

ARTICLE V. — En vue de conserver, d'augmenter leur foi, ils sont invités à se procurer et à lire l'Évangile ou la vie de Notre-Seigneur Jésus-Christ[1], un livre de doctrine chrétienne[2] et, à son défaut, le catéchisme diocésain dont la lecture est utile à tous.

ARTICLE VI. — Pour préserver leur foi, les associés n'accepteront et n'achèteront jamais ni le mauvais journal, ni des livres suspects dont la lecture est périlleuse pour la foi et pour la vertu.

ARTICLE VII. — La prière en famille étant très efficace pour y maintenir la foi et la vie religieuse, les

---

[1] *L'Évangile ou la Vie de N.-S.* 1 vol., abbé GARNIER, aux bureaux de la Ligue de l'Évangile. 123, rue Montmartre, à Paris.

[2] *Le devoir du chrétien ou la doctrine chrétienne.* 1 vol., in-12, Mame, Tours.

associés s'efforceront d'instituer ce pieux usage dans leur foyer.

ARTICLE VIII. — Pour conserver, accroître et restaurer la foi, les associés conseilleront et propageront les bonnes lectures.

ARTICLE IX. — Pour aider très efficacement à la conservation, à l'accroissement, à la restauration de la foi, les associés favoriseront par la prière, par la parole, par l'aumône les vocations ecclésiastiques qui donnent à l'Église les ouvriers de la foi.

ORAISON

POUR LA CONSERVATION ET L'AUGMENTATION DE LA FOI
(Propre d'Auch)

Dieu tout-puissant, accordez-nous par les mérites et par l'intercession de vos saints martyrs Clair et Maurin, de conserver et d'augmenter en nous la foi, afin que nous puissions vous plaire durant cette vie, et qu'après la mort nous obtenions la vie éternelle par Jésus-Christ Notre-Seigneur. Ainsi soit-il.

Auch. — Imprimerie COCHARAUX, rue de Lorraine.